Thérèse PÉCORARO

assistée à l'écriture par
Stéphane ROPA et Anne RICHE

AF142120

TU AS
TOUJOURS
ÉTÉ LÀ !

Témoignage d'une vie

Édition
BoD - Books on Demand, info@bod.fr.

Impression
Impression : BoD – Books on Demand, In de Tarpen 42, Norderstedt (Allemagne)
Impression à la demande

ISBN
978-2-3224-4088-7

Dépôt légal
Août 2022

Conception graphique de la couverture
André MENDEZ

Photo de couverture
Pixabay - Christopher Willey

REMERCIEMENTS

Un grand merci à Stéphane ROPA et Anne RICHE pour l'assistance à l'écriture, Christine MENDEZ pour la relecture, André MENDEZ pour la mise en page et le texte de la 4e de couverture et Pierre CHEVALIER pour la recherche de l'éditeur.

Préface

Après bien des années de réflexion, et en tenant compte des encouragements de mes amies les plus intimes, je me suis enfin décidée à écrire ce livre où je voudrais honorer l'amour, la bienveillance de notre Créateur de l'univers que l'on nomme Dieu. Dans sa Parole il est écrit : « *Je ne te délaisserai pas et je ne t'abandonnerai pas* ». Hébreux 13 : 5.

Il y a bien entendu toute une foule de choses que je ne formulerai pas, mais je vous partagerai ici l'essentiel. Là ou l'humain s'arrête, Dieu agit et béni.

1 • Cuisine de l'enfance, la Tunisie

Bien que d'un berceau sicilien, je suis née à Bizerte en 1951, en Tunisie, ou mes aïeux avaient émigré des décennies plus tôt. La Sicile et la Tunisie pourraient être deux membres d'une même famille éloignée. Maman réunissait parfois ces deux cultures au cœur de sa cuisine. Elle était à la cuisine, ce que le reste de la famille était à l'assiette ! Une équipe, oui, nous étions une équipe ! Pour nous approcher de l'horizon sicilien, nous avions juste à traverser la route. Et la mer Méditerranée était là, étendue, majestueuse. Son sable chaud me brulait les pieds tandis que mes yeux se perdaient sur son immensité.

Un peu comme des balises disposées sur la plage; des cuisines ambulantes étaient là nous proposant des plats aux saveurs merveilleuses; dont ces superbes beignets qu'on appelait les *bombolonis*. Ils étaient cuits sur place et on les dégustait tout chauds. Un peu plus loin, un autre restaurant de fortune cuisinait des bricks (œuf, thon, pommes de terre, ail et persil). Puis un autre marchand vendait, pour le plus grand plaisir de mon père et le nôtre, des oursins, coquillages et poissons frais de la pêche du matin. Tous ces goûts me sont inoubliables. Nous mangions directement de la mer à notre assiette. Je n'ai plus jamais mangé aussi frais. Que de souvenirs d'odeurs ma mémoire se plaît encore à me rappeler. Mon âme déguste à jamais cette cuisine de mon enfance.

Quand nous n'étions pas à la mer; comme des gamins de nos âges, nous faisions du patin à roulettes, du hula hoop principalement sur la place Bourguiba ornée de magnifiques palmiers et sous un soleil toujours radieux.

2 • Dans l'arche de Nonna

Ma plus tendre enfance s'est passée entre la maison familiale sur le front de mer et la ferme de ma grand-mère maternelle : la Nonna ! Située à seulement quelques kilomètres de Bizerte, c'était simplement *magique* ! La maison de Nonna était un peu comme l'arche de Noé. Il y avait des poules, des poulets, des dindons, des poussins, des oies, un âne, des chevaux et moi ! J'avais un talent certain pour imiter les animaux ! Quel jeu était-ce là pour Nonna ! J'étais un vrai clown, du haut de mes 5 ans, je m'impliquais et m'appliquais tellement que l'on pouvait me confondre avec le dindon ou avec les poules. Avec pour résultat des fous rires à l'unisson. Un jour, une oie passant par là pendant l'un de mes numéros, m'a pincé le derrière, c'est très douloureux! Elle s'est régalée de la peau de mes fesses.

La vie à la ferme était donc faite de joie et de beaucoup de travail. Deux fois par semaine, au petit matin, le pain était la première chose que Nonna faisait après avoir déjeuné. Il était cuit dans un four à bois. Puis elle nous préparait de bonnes tartines avec la crème du lait bouilli à laquelle elle ajoutait du sucre. C'était un régal. Nonna et mes oncles étaient fromagers. Toute la famille travaillait à la ferme et participait à la fabrication des fromages.

Ma jeune tante était toujours à la ferme, et préparait son trousseau pour le mariage. Un jour, où elle avait lavé tous ses draps, mon grand-frère Joseph est allé chercher de la bouse de vache, et lui a tout sali ! Elle est entrée dans une colère noire contrainte de tout relaver à la main.

Tout était calme et paix dans cette ferme. Ma grand-mère était d'une tendresse et d'une douceur sans faille. Son regard rempli d'amour est toujours vivant en moi. À mon goût, elle est partie bien trop tôt.

3 • L'effroyable

Je n'étais qu'une enfant de 5 ans. Une enfant de 5 ans qui ne voit le mal nulle part. Une enfant ça s'amuse, ça rigole, ça mange des bonbons. Des bonbons que mon oncle, le plus jeune des frères de ma mère, m'apportait chez mes parents dans de grandes boites en fer décorées et que je mangeais en même temps sur ses genoux. Je n'étais qu'une enfant. Nous sommes un an avant le décès de Nonna, et j'ai 5 ans et demi. Un jour alors qu'il arrivait avec une boite en fer, pleine de bonbons, mon oncle s'est mis à me courir après. Ce qui m'apparaissait au départ comme un jeu nous à conduit dans un vieille maison délabrée accolée à la nôtre. La seule image qui me reste de cet instant est que je me vois monter les escaliers à toute vitesse. Je ne joue plus. La peur est entrée dans mon ventre. Puis, c'est un trou noir. A l'époque mon oncle avait 19 ans. À l'époque on ne parlait pas, tout était caché, dans l'ombre. J'ai survécu tant bien que mal avec ces boites en métal au fond de mon cœur.

Un an après le décès de ma grand-mère, la veille de son mariage et sans aucune explication, cet oncle a mis fin à ses jours violemment, d'un coup de fusil. L'ordre avait été donné aux enfants de ne pas aller dans la chambre du suicidé. J'ai désobéi. Ma petite main d'enfant tremble de peur, je me faufile jusqu'à la chambre, bravant l'interdiction, je prends appui sur la poignée et la porte s'ouvre sur une vision d'horreur. Le plafond porte des traces, les murs, les meubles aussi. Prise par l'angoisse je suis prête à me sauver. Et là mon regard se tourne vers la table de nuit, où des bougies avaient été disposées les unes à côté des autres. Leurs lueurs m'apaisent. je ne reconnais plus le visage défiguré de mon oncle. Malgré la peur, je ne vois pas le temps passer comme dans un trou noir. J'éprouve une peur effroyable qui ne m'a plus jamais quittée et le noir est resté.

C'est bien des années plus tard, à l'occasion d'une fête de famille (ma cousine avait l'habitude de réunir une fois par an toute la famille dans le Mazet de sa belle sœur) que je retrouve Calogero, mon cousin il ressemble comme deux gouttes d'eau à mon oncle. Je suis sous le choc et je me suis évanouie. Je ne comprenais pas ce qu'il se passait en moi. La fréquence des évanouissements depuis ces retrouvailles se sont de plus en plus rapprochée me conduisant d'examen en examen. La seule personne à qui j'avais pu une seule fois en parler, fut ma maman. J'avais alors 40 ans. C'est elle, qui 15 jours avant son décès m'a aidé à remettre de l'ordre dans le passé, j'ai réouvert la boîte à souvenirs. Dix ans plus tard, j'ai alors 50 ans, et je décide de faire un travail de psychothérapie, je vais aller chercher au fond de moi ces souvenirs nauséabonds pendant trois ans et demi pour comprendre ce qui s'est passé. Ce travail mettra en lumière une explication à ma désobéissance après le suicide de mon oncle : *«Voir son corps mort c'est être certaine qu'il ne me ferait plus de mal »*. Cette phrase a été un baume dans ma tête et mon cœur.

Je m'en suis souvent voulue d'être entrée dans cette chambre qu'on m'avait interdite et j'en reste encore parfois bouleversée. Mais c'était pourtant ma seule garantie à l'époque, qu'il ne recommencerait plus jamais. Aujourd'hui je me pose cette question : que ferais-je si mon oncle était encore en vie ? Il me semble que je pourrais avoir avec lui une relation presque normale. N'ai-je pas été la victime d'une victime ? Le fait est là, le remord l'a anéanti. J'ai prié tant de fois, et avec le temps, j'ai trouvé cette capacité à tout remettre entre les mains du Seigneur Jésus. Lui qui est miséricordieux, lui qui connaît la vérité tapie au fond des cœurs.

Sur ce chemin de la vie, j'ai découvert que le Seigneur me pardonnait, et plus encore me bénissait. Le pardon que j'ai reçu de Dieu au cœur de ma vie, m'a permis à mon tour de pardonner l'effroyable. Sans condamner, mais en constatant que je pouvais pas comprendre les raisons d'un tel acte. Je n'étais qu'une enfant. Maintenant à la lumière de l'Esprit Saint, je puis le dire aujourd'hui : « *Paix à son âme* ».

4 • Le mariage

Quand j'ai 8 ans, nous sommes cinq enfants dans la famille. Ma soeur aînée ayant atteint sa majorité était prête pour le mariage après quatre années de longues fiançailles. C'était la coutume de l'époque. Nous sommes toutes parties en ville, maman, mes deux sœurs et moi pour choisir la robe de mariée de ma grande sœur. Une robe toute en dentelles, faite main, une robe de princesse. Maman avait opté pour un ensemble bleu marine, robe, plus veste et chapeau. Cela se faisait beaucoup à l'époque. Je ne l'avais jamais vue aussi belle ! Nous avions également la mission de choisir la tenue de Papa et de mes frères. Pour Papa ce fut un costume classique, foncé. Ma sœur cadette était blonde aux yeux verts, elle ressemblait beaucoup à maman, elle a choisi une robe en mousseline, de la couleur de ses yeux, et des chaussures à talons aiguilles. Mon frère, ainé des garçons, s'est fait habillé d'un costume pour jeune garçon, et mon petit frère d'une barboteuse. Quand à moi j'étais dans une merveilleuse robe bleue de dentelles, pleine de volants. Je ne me reconnaissais même pas.

Le jour du mariage on m'a lâché les cheveux et j'avais des anglaises qui se formaient naturellement. Le banquet était dressé ; toute sorte de plats magnifiques : des viandes, des légumes à l'orientale, des salades excellentes, des boissons bien sûr, et à la fin de ce premier soir, plusieurs pièces montées ! Il y avait un monde incroyable, comme dans la tradition orientale. Le mariage durera huit jours aux parfums de fleurs d'oranger, aux sons des *youyous*, et aux rires qui raisonnent encore dans ma tête.

Après cette fête mémorable, ma sœur et son mari sont partis pour la France dans une région où il fait bon vivre : la Provence. Là où le soleil est présent où le ciel est azur, où chantent les cigales, où l'on respire les bonnes odeurs de lavande, de sarriette, de romarin et de thym.

5 • La guerre d'Algérie

Après ces temps de vie heureuse, un temps de chaos avec *la guerre d'Algérie*. Le drame envahissait tout et laissait trainer un climat permanent d'angoisse, de stress, de peur. On parlait beaucoup des *Fellaghas*. Malgré mon jeune âge, je mesurais l'ampleur des sauvageries et l'inquiétude ne serait-ce que la prononciation du mot.

Le commis du magasin de maman, (elle tenait un pressing) était d'une gentillesse sincère et très affectueux. Un jour, il a été capturé et torturé par les Fellaghas puis on a appris son décès. Toute la famille en a été très bouleversée. Les Fellaghas étaient des combattants algériens, marocains et tunisiens qui entraient en lutte pour l'indépendance de leurs pays respectifs, alors sous domination française. Le Fellagha s'opposait de ce fait au terme de *Harki*. Ils avaient recours à la torture. J'ai à peine 10 ans, et me souviens que nos parents nous interdisaient de sortir, car si un Fellagha prenait un homme, ils le torturait et l'émasculait. J'ai entendu dire que le commis de maman était mort de cette façon. Jamais plus, je n'arriverai à effacer ceci de ma mémoire. Nous étions sous le joug terrible de la terreur. Comment décrire ce sentiment d'angoisse si jeune ? Je vois des morts, des bombes qui tombent à 200 mètres de chez nous. Nous étions, mes frères et moi-même, sur la terrasse immense de notre appartement au dernier étage d'un grand bâtiment. Je me souviens du magnifique escalier, de style 1900, large, en pierre arrondie et polie, donnant sur un hall spacieux où l'on pouvait garer des voitures, il devait faire environ 50 m².

Les balles sifflaient à nos oreilles et mon frère Bernard a perdu connaissance. J'ai cru qu'il était mort, je suis partie en trombe chercher maman dont le pressing était en face du bâtiment. En sortant, j'ai vu un homme, mort, mitraillé sur le capot d'une voiture. J'ignore encore comment j'ai trouvé la force de continuer mon chemin. J'imagine que la mort apparente de mon jeune frère m'a donné des ailes. J'étais en pleurs et toute affolée face à maman. Je lui ai expliqué tant bien que mal la situation. Elle a fermé aussitôt le magasin et nous sommes remontées ensemble vers notre appartement. Mon frère était toujours inconscient mais maman m'a dit : « *Il n'est pas mort, n'aies pas peur ma fille !* ». Maman s'est rendue compte de mon désarroi. Mon frère a repris connaissance progressivement. Cela faisait beaucoup de chocs émotionnels dans un laps de temps très court. Pauvres êtres humains si fragiles que nous sommes ! C'est lorsque l'on vit certaines choses que nous prenons conscience de notre petitesse.

6 • Le camp de réfugiés

Le temps a passé. Le gouvernement sicilien, en accord avec la Tunisie et l'Italie, nous a rapatriés à Aprillia, non loin de Rome, durant un an. Nous sommes arrivés dans un camp de réfugiés avec la famille agrandie (grand-père paternel, oncle, tante, cousins et cousines) et de nombreuses autres personnes. J'avais alors 10 ans.

Dès les premiers jours nous sommes allés visiter Naples. Nous y avons retrouvé des cousins de Papa pour passer la journée chez eux à manger des pâtes ! Le Napolitain à l'époque était un criard né, du haut de mes 11 ans, je l'ignorais. Le lendemain au marché, j'entendais des cris de tous les côtés ! Dans mon esprit embrouillé par tout ce que nous avions traversé des mois auparavant, j'ai pris peur au point de me sentir mal. Pour me réconforter mes parents décident alors de m'offrir une jupe à la mode en cette année 1961. Mais, mon cœur était ailleurs. Les cris et l'agitation me renvoyaient aux bruits des bombes et des hurlements de la Tunisie. Mes parents ne l'avaient pas compris. Ah ! La psychologie de l'époque. De retour au camp, rien n'a apaisé les palpitations de mon cœur. J'entendais mes parents parler entre eux.

Que de souvenirs douloureux surgissent dans ma tête quand je repense à cette période de bouleversements. Nos conditions de vie étaient particulièrement précaires. Nous étions six personnes entassées dans une seule chambre. Les sanitaires étaient à l'extérieur. Certains souvenirs sont enfouis mais d'autres sont encore vivants dans mon esprit,

comme ces lits superposés en fer dont le grince-
ment était particulièrement désagréable dès que
nous nous tournions ou bougions dans notre sommeil. Ces nuits étaient affreuses ! Et les pleurs de
mon petit frère Daniel, âgé de trois mois, nous faisaient sursauter à chaque cri. Il fallait aussi aller aux
toilettes à l'extérieur assez loin de notre chambre, il
ne fallait pas être pressés ! Nous étions à bout et sur
les nerfs.

Fort heureusement, pendant la journée nous
nous amusions avec tous les autres enfants du camp
ce qui nous permettait d'oublier un peu notre situation. Nos petites têtes regorgeaient d'idées. C'est
mon cousin qui a eu l'idée de me faire monter sur
son dos pour faire la cavalière. Tout était merveilleux, mais à force de galoper mon cousin a tré-
buché. Je suis tombée sur une bouteille cassée. Je
vous laisse imaginer la scène : du sang et des cris à
n'en plus finir. Nous étions affolés. Mes parents se
sont empressés de préparer une mixture à base de
café moulu. J'hurlais de peur et pendant que je
pleurais on m'a appliqué une espèce de cataplasme
à base de café sur la plaie qui a permis au sang d'arrêter de couler. La cicatrice est toujours là malheureusement et c'est loin de l'esthétique d'aujourd'hui
où il faut tout étirer sans ride, des bouches refaites
en revers de pot de chambre, comme cela tout le
monde se ressemble ! C'est à cette époque que j'ai
fait ma communion solennelle. J'étais fière. Mais, je
ne comprenais pas trop ce que cela signifiait. Je
viens d'une famille catholique non pratiquante. Je
ne savais pas que Dieu existait, et qu'il est Amour.

Les repas se font sans de grandes choses dans
l'assiette. Nous avions tellement faim, que nous

sommes allés à l'extérieur du camp ou il y avait un grand champ de maïs. Nous avons fait des réserves. Maman le préparait grillé, à l'eau ou en purée. C'était tout jaune et particulièrement bon ! L'année au camp s'est écoulée ainsi, entre les jeux et les nuits affreuses. Maman voulait absolument retrouver ma sœur aînée en France et a entrepris les démarches pour obtenir les papiers.

7 • Direction la France

Des mois sont passés et les papiers sont enfin prêts. Voilà de nouveau que nous allons partir à l'aventure. Quelle appréhension ! Je gardais un très mauvais souvenir de notre traversée en bateau de la Tunisie vers l'Italie. Nous avions quitté la Tunisie avec une seule grande nappe fleurie sur fond blanc et une valise marron qui contenait tous les papiers dits *importants*.

J'ai également en mémoire une énorme piqûre qui m'avait paru la plus grande aiguille du monde. Lorsque l'on a essayé de me vacciner, je suis partie en flèche, comme une folle ! Je vois encore les infirmières, le docteur et mes parents me courir après ! Aujourd'hui ça me fait rire, mais je vous garanti que sur le moment, je ne riais pas. Je leur ai fait faire le tour du bateau je ne sais combien de fois, et combien de kilomètres nous avons parcourus, et tout cela pour des vaccins ! J'étais traumatisée et affolée ! Mais personne ne s'inquiétait de ma souffrance et de ma peur. Peut-être qu'une simple explication m'aurait calmée.

Heureusement, ce nouveau voyage pour la France, n'a pas ressemblé au précédent. Nous avons pris le train et tout s'est bien passé. Nous sommes arrivés à Bagnols-sur-Cèze, dans le Gard en 1962, là où se trouvait notre sœur ainée. Notre joie était indescriptible ! On pleurait, on riait, tout ça en même temps. Ma grande sœur nous avait trouvé un appartement dans lequel nous nous sommes installés. Que nous y étions heureux ! Nos parents avaient enfin leur chambre. Je réalise aujourd'hui en écrivant ces lignes, combien tout ce parcours a été difficile pour eux. C'est dans cet appartement que j'ai découvert pour la première fois, ce que c'est d'être seule dans son intimité. Car moi aussi j'avais ma chambre! C'était mon palais! Trop grand pour moi toute seule, et en même temps si heureuse de cette nouvelle vie dont je rêvais, avoir mon espace! Tout allait bien sauf que nous ne mangions plus comme en Tunisie (plus de poivron, plus de merguez) heureusement, maman avait toujours ce talent de cuisinière qui lui permettait de réaliser des petits plats qui nous régalaient avec ce qu'elle trouvait. Il aura fallu quelques années avant de retrouver sur les marchés des produits que nous avions laissé en quittant la Tunisie. C'était une joie un peu comme avec les retrouvailles d'un être cher.

Notre intégration s'est faite rapidement. Quelques semaines après notre arrivée, j'allais à ma nouvelle école, mon cartable en main mais qu'il était difficile de reprendre le chemin de l'école après plus d'un an sans être scolarisée. Et pour couronner le tout, je ne parlais pas bien français! À la fin de cette première matinée j'ai vu une fille de mon âge pleurer. Je me suis avancé vers elle et lui ai demandé pourquoi elle pleurait? En larmes, elle me répond: «*Je ne peux pas rentrer chez moi, car je ne me souviens plus où j'habite*». En discutant avec elle, j'ai découvert qu'elle était dans la même situation que moi, une immigrée fraîchement arrivée d'Algérie. Nous avons loupé l'école l'après midi, marché pendant des heures et des heures pour retrouver sa maison. Nous avons même eu le temps de devenir amies! Et le sommes toujours depuis 59 ans.

Cet après midi là, elle ne cessait de pleurer et de se lamenter : « *Je ne vais plus voir ma mère et mes 2 frères ! Où c'est qu'on va dormir ? Et on n'a pas mangé, j'ai faim !* ». Je ne savais plus comment la réconforter. Dans la soirée, enfin ! Nous avons retrouvé le bâtiment et l'appartement. Sa maman en larmes nous a reçues avec des cris *à la pied noir* : « *Qu'est-ce-que vous avez fait ? Où est ce que vous étiez ? Qu'est-ce-qui s'est passé ?* ».

Elle a cru dans un premier temps que j'étais la cause de tout ce retard. Elle m'a d'abord dévisagé d'un regard sombre et moi qui avait mal aux pieds. Tant bien que mal, j'essayais de lui expliquer simplement ce qui nous était arrivé. Après un long silence pesant, elle me dit enfin : « *Merci, tu m'as ramené ma fille et c'est cela qui importe !* ». Et s'en suit toute une série de mots gentils. Ouf ! Je l'ai échappé belle ! Aïe mes pieds ! Puis en arrivant chez moi, rebellotte ! « *Tu ne te rends pas compte ! Le souci et la peur que tu nous as faits !* ». Et patati et patata… J'ai attendu que mes parents se calment pour enfin parler et m'expliquer. Enfin, du calme. J'enlève donc mes souliers, mes pieds étaient tout gonflés comme des patates sorties d'un champ ! J'ai eu des crampes toute la nuit ! Depuis cette sacrée après-midi Michèle est mon amie. Nous avons fait tant de choses ensemble, et ces souvenirs nous amusent toujours autant aujourd'hui. Nous avons vécu ensemble l'intégration, en France. Papa nous avait dit : « *La France nous accueille, respectons là !* ». Et j'en ai fait ma façon de vivre jusqu'à aujourd'hui.

Depuis, avec mon amie Michèle, on rit encore en évoquant ces souvenirs. Nous sommes devenues plus que des sœurs du même sang, nous avons fait les 400 coups ensemble, souvenirs ineffaçables de notre mémoire. Je lui ai appris à faire du vélo sans frein, avec tout ce que cela implique bien sûr, freinages avec les chaussures, chutes et bobos en grand nombre, mais on n'a rien sans rien n'est ce pas ? Elle était la seule fille dans sa famille et trop gâtée, elle n'était pas sûre d'elle. Thérèse est entrée dans sa vie ! Dans ma vie c'était l'inverse! j'étais entre mon grand frère Joseph et les trois derniers garçons, vous pouvez imaginer le scénario ! Plus casse cou que moi, je ne sais pas si cela existait ! Bien sûr aujourd'hui à 69 ans, ne me demandez pas de faire le garçon manqué. Je peux mettre un pied devant l'autre et c'est bien ainsi. Dans la vie, il y a un temps pour tout.

Pour moi à 14 ans, c'est l'âge où les hormones s'animent, nous sortions et flirtions en cachette. Notre Père était très strict, très sévère avec ses trois filles. Un jour au détour d'une rue, tandis que je parlais à un garçon, il m'a surprise. Cela a été une vraie pièce de théâtre! J'ai à peine eu le temps de dire *ouf* qu'il a voulu connaître le garçon, la famille, les inviter à manger le couscous! On parlait déjà de mariage alors que j'avais tout juste mes 14 printemps. Ah! ces origines siciliennes, et ces traditions insupportables.

Mais voilà, à force de vouloir trop interdire, les choses se font quand même! Je suis enceinte d'un autre garçon! On ne joue pas avec le feu sans se brûler! Maman qui était ma confidente m'a convaincue d'interrompre cette grossesse car elle pensait que mon père serait capable de me tuer dans un accès de fureur. Les interruptions de grossesse en ce temps là se faisaient avec des aiguilles à tricoter et des sondes en caoutchouc! Nous avions tenté à deux reprises d'interrompre la grossesse, sans succès. J'étais alors enceinte de cinq mois et demi lorsque pour la troisième fois le fœtus est parti. Que de souffrances atroces pour que le col s'ouvre enfin. J'ai eu une chance inouïe d'être encore vivante, mais malgré tout il a fallu m'opérer d'urgence. Une demi-heure après l'examen du chirurgien j'étais sur la table pour une salpingectomie (une ablation de la trompe). Maman affolée était allé chercher à la maison les affaires de toilette et tout ce qu'il fallait pour un séjour d'au moins 15 jours à l'hôpital. Je dois une fière chandelle au chirurgien qui m'a opérée. Il a pris soin de mon corps meurtri car à une demi-heure près, je n'étais plus là, je faisais une septicémie.

Jamais je n'oublierai cet enfant de toute ma vie. Quand on me demande quelquefois combien j'ai eu d'enfants, c'est plus fort que moi je dis : « *Trois* ». Je pense avec émotion à toutes celles qui sont passées par là. Et parmi toute cette violence intérieure, il y avait la violence de mon père envers nous. Papa ne nous a pas épargné les coups de ceinture, les coups de poing, les roustes sauvages et injustifiées. Plus il me frappait, plus je devenais méchante, rancunière et désobéissante. Plus je grandissais et plus je donnais du fil à retordre à mes parents. J'étais très mal dans ma peau, meurtrie, blessée. J'ai fait deux tentatives de suicide. Heureusement Dieu veillait à tout cela, je peux le dire aujourd'hui.

Dans ma famille, les câlins n'existaient pas, ni la tendresse et il n'y avait pas vraiment d'amour. Cela a été pour moi une très grande souffrance car j'avais énormément besoin d'affection. J'embrassais ma maman et l'entourais de mes bras. Avec mon père je n'y arrivais pas. Toujours exigeant ; dès qu'il rentrait du travail il s'asseyait et il fallait lui laver les pieds, les essuyer et lui donner les pantoufles !

Un jour, une voisine médisante a croisé mon père en disant que je l'avais insultée, sans que cela soit vrai. Ce soir là, il n'y a pas eu de lavage de pieds mais une bonne correction d'emblée sans que j'en connaisse les raisons. Du coup j'ai fugué ! Cela aurait pu très mal se terminer. Mais Dieu veillait. J'apprendrais longtemps après pourquoi il m'avait frappé. J'avais beau dire que cela n'était pas vrai cela ne changeait rien à la donne ! J'ai pardonné à mon père depuis longtemps, car j'ai appris que l'être humain sans Dieu est insensé et incapable d'aimer vraiment en toutes circonstances. Mon père n'a jamais voulu accepter Dieu dans sa vie, à mon grand regret et à ma grande peine. Mais Dieu dans sa magnificence laisse le libre arbitre à l'être humain.

9 • La vie de famille

Toujours à 14 ans, j'ai trouvé un emploi dans une boulangerie-pâtisserie. Les patrons m'ont beaucoup aidée et aimée. Ce fut une découverte pour moi, être aimée et acceptée. J'y suis restée des années.

À 18 ans j'ai rencontré celui qui allait être mon mari pendant 21 ans. Avec David, nous nous sommes mariés dix huit mois plus tard. Et dans la suite logique des choses, je suis tombée enceinte quelques mois après. La grossesse a été difficile. Mes beaux-parents m'ont invitée à aller chez eux pendant que mon mari était au service militaire, pour deux ans. Me voici donc arrivée dans un petit village près de Nîmes. Tout se passait plutôt bien.

Un après-midi, deux femmes arrivent chez mes beaux-parents. Ma belle-mère me chuchote à l'oreille d'un ton contrarié : « *J'en ai marre de ces deux là, elles continuent d'insister avec leur livre* ». Je ne comprenais pas et afin de soulager ma belle-mère, j'accueille ces deux visiteuses. Au bout de quelques instants, j'ai enfin saisi *le problème*. Elles étaient missionnaires, très gentilles, elles me parlaient d'un Dieu et de son fils que je ne connaissais pas. Elles me parlèrent longuement et franchement, j'étais très incrédule et mon cœur fermé à triple tour. Il était comme de la pierre ! À partir de ce jour je les ai fuies comme la peste ! Cela a duré deux mois.

Le temps d'accoucher de ma fille Sylvie approchait à grands pas mais rien ne venait ! Me voilà en clinique, où on m'annonce que j'accoucherai dans la nuit de dimanche à lundi ou dans la matinée. Mon gynécologue était en vacances, je ne sais pourquoi il a pris ses congés en novembre ! Le lundi toujours rien, le mardi non plus. Je n'en pouvais plus car les contractions m'épuisaient. Et la sage femme n'a rien trouvé de mieux que de me gifler ! Je n'oublierai jamais cette humiliation. Je repensais dans ce moment à ces deux missionnaires, à ce qu'elles m'avaient dit. Et pour la première fois, je m'adressais à ce Dieu inconnu. Je lui dis : « *Si tu existes vraiment, aide-moi, je t'en supplie, je n'en peux plus* ». Je perdais mes forces.

Le mercredi matin, le gynécologue était de retour et moi toujours en salle de travail. Il m'ausculte au stéthoscope, et comprend que quelque chose ne va pas. Il passe un savon à la sage-femme et il fait appeler l'anesthésiste, c'est le branle-bas de combat. Vous pouvez imaginer mon angoisse pour la naissance de mon premier enfant. La sage femme ne s'était pas aperçue qu'il me fallait une césarienne car j'ai une malformation du bassin, ce qui rend la délivrance difficile. Quand mon mari a enfin pu voir sa fille elle était cyanosée. Depuis le temps qu'il attendait de voir son bébé, Il n'a rien trouvé d'autre que de s'évanouir ! Cela m'a été raconté au réveil et nous en avons bien ri. En tout cas, ce Dieu que je ne connaissais pas encore eh bien j'ai vraiment senti qu'il m'avait entendue. Notre fille Sylvie, son prénom signifie : petite fleur de forêt, grandissait et se faisait très belle, et elle l'est toujours. Plus tard, j'ai témoigné à mon mari de tout ce qui s'était passé, comment je m'étais adressé à ce Dieu qui m'avait rassurée et exaucée, et comment je l'avais accueilli dans ma vie comme mon Sauveur et mon Seigneur. Mon mari a été touché au plus profond de son cœur, il a accepté l'évangile, et il est devenu mon frère dans la foi! Quelle merveille!

Mon mari a réussi un examen, il a été muté en région parisienne où nous sommes restés 14 ans. Notre arrivée dans cette région a été folklorique. Les gens allaient tellement vite pour prendre le métro, faire leurs courses, s'agitant dans tous les sens ils me donnaient l'impression de faire du sur place. Des sudistes en région parisienne, c'est la fin du monde! Que de choses se sont passées pendant ces années. Nous sommes arrivés à Bondy en 1971 notre fille avait 1 an. Les deux premières années se passent normalement.

La troisième nous assistons à quelque chose d'extraordinaire. En prière tous les deux, chacun de notre coté, mon mari et moi recevons un appel de Dieu. Mais, dans un premier temps, nous n'osons pas nous en parler ni l'un ni l'autre. Au bout de quelques jours on se dit : « *J'ai quelque chose à te dire!* ». Et l'autre de répondre : « *Moi aussi! Je crois que le Seigneur veut que nous vendions tout et partions avec Opération Mobilisation* (une organisation chrétienne) ». Ensemble nous prions : « *Seigneur si c'est vraiment toi qui nous le demande s'il te plait, tout doit se vendre rapidement* ». Les enseignements commençaient à peu prés deux mois après. En une semaine, le déménagement était fait. Entre temps, mon mari reçu son congé de disponibilité. Mais il y avait encore un problème et pas le moindre notre fille était âgée de 4 ans! Comment allions nous la nourrir et l'habiller? Nous mettons alors tout cela devant Dieu avec confiance. Nous voici partis. Les réunions se passent dans un endroit grandiose! 1 000 à 1 500 personnes présentes!

Lors d'un déjeuner nous voyons un jeune homme venir vers nous. Il nous dit : «*J'ai à cœur de prendre votre fille en charge : nourriture et vêtements pendant l'année de votre service pour Dieu !*». Nous sommes restés bouche bée, personne ne connaissait notre préoccupation, notre cœur débordait de reconnaissance ! À partir de cet instant et toute l'année notre fille n'a manqué de rien. Il nous envoyait 50 francs par mois et à l'époque c'était plus que suffisant pour couvrir ses besoins. Merveilleux Seigneur que le nôtre, n'est ce pas !

Nous étions logés à Arles dans une vieille maison et nous aidions l'église pour l'évangélisation. Là aussi combien de belles choses avons nous vécues ! Nous vivions uniquement par la foi. Un jour nous n'avions plus rien dans le frigo (sauf pour notre fille), jeûne obligatoire, mais le soir, merveilles des merveilles, un grossiste nous visite et il nous donne tellement de nourriture qu'il nous faut partager avec les deux autres équipes. Comment ne pas témoigner de ce Dieu tout puissant, vivant qui entend et qui répond ! Nous avons vécu une année inoubliable ! De retour en région parisienne, nous avons été logés dans l'église de Rosny-sous-Bois en attendant d'avoir un autre appartement à Gagny dans le 93. Là nous avons fait la connaissance de Madeleine, la maman de l'enfant dont je parle un peu plus loin.

Nous habitions dans un immeuble, où Madeleine était notre voisine, elle se prostituait et avait un enfant de 2 ans. Il s'est attaché à nous, et nous l'avons aidé du mieux possible en gardant son fils : Loïc, puis, elle a décidé de repartir sur Marseille et nous a demandé d'adopter son fils âgé de 3 ans et demi.

Après réflexion, avec mon mari, nous avons décidé de le faire. Cette femme ignorait qui était le père de son enfant. Loïc s'était fortement attaché à mon mari. Il nous appelait *papa* et *maman*, l'adoption plénière était en cours. Madeleine est partie sur Marseille et nous avons attendu quatre ans avant qu'elle vienne finaliser les documents. Les gendarmes nous ont informés que la maman voulait récupérer son enfant. La séparation a été très douloureuse, cela a été une énorme déchirure pour tous les trois.

Je vais alors connaître la dépression en cette année 1981, avec ce sentiment de ne plus vouloir vivre, d'être vide à l'intérieur. Plus rien n'avait d'importance. Quelques années plus tard, mon jeune frère a vu Loïc trainant une charrette dans les rues de Marseille, il était sans domicile fixe. Quelle justice ! Tant d'erreurs sont faites dans ce domaine là. C'est mon mari qui m'a permis de sortir de cette dépression. Notre mariage a duré vint et un ans, nous nous entendions bien, il avait de grandes qualités et c'est après notre divorce que j'ai compris à quel point il m'aimait.

C'était un très bel homme, et ma sœur aînée était très attirée par lui. Pendant trois ans un petit manège a eu lieu entre eux et j'ai fini par le remarquer. On n'apprends pas à un vieux singe à faire des grimaces. Plusieurs fois j'ai mis mon mari en garde, connaissant ma sœur et sa jalousie devant les couples qui paraissaient bien réussir. Elle ne supportait pas de voir le bonheur chez les autres. Mon mari me disait très souvent de ne pas m'inquiéter, car il n'aimait que moi. En 1983, nous sommes revenus dans le midi à Avignon. Ma sœur continuait son manège autour de mon mari. Maman a eu besoin que je la remplace pendant un mois, elle était gardienne d'immeuble. Un beau matin je reçois un coup de fil de ma sœur aînée, soit disant malade, elle me demandait d'envoyer mon mari pour lui faire quelques courses. Son mari était au travail et non à la maison. À 14 h 30, David rentre chez nous et je l'envoie chez ma sœur. Et devinez quoi ? Elle l'attendait nue sous un déshabillé en soie blanche, aguichante au possible d'après mon mari qui a bien failli succomber. Quand il est revenu j'ai compris tout de suite que quelque chose n'allait pas. David était mal à l'aise. Je l'ai questionné sans relâche tel un enquêteur de police ! Et il a capitulé, me racontant tout ce qui s'était passé. J'ai eu envie de tuer ma sœur ! Par respect pour mes parents et ma famille j'ai évité les rencontres familiales pendant 9 ans.

10 • Le cauchemar

Neuf ans durant lesquels Dieu a travaillé mon cœur. À cette période notre fille avait 15 ans et pour moi, un cauchemar éveillé. J'ai sombré dans une sérieuse dépression qui a entrainé une anorexie temporaire et trois mois d'hospitalisation en clinique psychiatrique. Nous avons essayé de sauver notre couple avec David, mais la souffrance était trop forte. J'imaginais ma sœur entre David et moi dans le lit chaque fois que nous étions dans l'intimité. Je n'arrivais pas à pardonner. Cela a duré un an encore mais un jour j'ai quitté le domicile conjugal, dans l'idée de me reconstruire et de vivre autre chose. Si j'avais trouvé la force de pardonner à David, j'aurais évité bien d'autres souffrances.

Je vais quelques temps plus tard rencontrer Edmond, qui sera le père de mon fils Xavier. Je pensais vraiment avoir découvert une autre dimension de l'amour, je croyais que cette rencontre était enfin la lumière dans ma vie. Et pourtant, sa bonté des premiers temps n'était qu'une vaste comédie. Je n'y voyais rien. Et, un an plus tard il commençait à se montrer sous un autre jour, le vrai. Les neuf premiers mois il me racontait qu'il avait encore ses parents, qu'il partait les voir chaque week-end. Comme son travail l'amenait à faire de nombreux déplacements, je n'ai rien soupçonné. Mais la réalité était tout autre, ses parents étaient décédés lorsqu'il avait 17 ans. C'était sa femme qu'il allait visiter, et leurs trois enfants. Il était marié et sa famille vivait à 70 km d'Avignon. Le jour où j'ai souhaité connaître ses parents, ce fut la douche froide. Il m'avoua la vérité mais il ne voulait pas me perdre.

J'ai soudain compris pourquoi il ne m'aidait pas financièrement. Son épouse recevait toute sa paie et se contentait de savoir qu'il était avec moi. Monsieur travaillait, Madame encaissait, et j'étais la poire du manège. Ils ont donc divorcé.

Les choses ont changé pour ses enfants. Ils venaient chaque week-end chez nous. C'était moi qui allait les chercher. Après la semaine de travail, il me rajoute une charge supplémentaire sur le dos ! Dans tout ce méli mélo un autre enfant était dans mon ventre. Entre temps, notre relation se dégradait à vue d'œil. Edmond se laissait découvrir tel qu'il était. Il buvait, me battait, me violait, et il lui arrivait de me séquestrer. Je vivais dans l'angoisse car je ne savais jamais ce qu'il voulait. Après sa nuit de travail, il exigeait son café. Je devais deviner s'il fallait y mettre 2, 3 ou 4 sucres; J'ignorais que tout ceci pouvait arriver dans un couple.

Lorsque mon fils Xavier a vu le jour sous césarienne, j'ai espéré au plus profond de moi-même que la venue de ce petit être allait changer le cœur de cet homme, son père. Il m'avait fait la promesse de vingts roses rouges, qu'il a tenu. À ce moment là, j'avais appris à pardonner au fur et à mesure. De retour à la maison, quelques jours plus tard son désir sexuel devint si intense qu'il me prend le petit des bras et le place au dessus du balcon au sixième étage : « *Si tu te refuses encore à moi, je le laisse tomber* ». Je savais qu'il en était capable. Mon cœur s'est arrêté de battre. Je n'arrive pas à oublier cette souffrance, cette peur et cette frayeur. Je ne me refusais pas à lui, il y avait un temps à respecter après un accouchement, et de plus une césarienne.

Entre temps, son ex-femme s'était mise en couple un monsieur visiblement pas très recommandable. Un jour, sa fille de 8 ans m'a confié un secret qu'elle avait avec ce dernier. Elle avait subi des attouchements de sa part. J'ai compris tout de suite qu'elle ne l'avait pas inventé. J'étais effondrée. Je lui avais fait la promesse de ne pas parler. Mais c'était trop lourd à porter et ce n'était pas ma fille. Avec son accord, j'en ai parlé à son père. Il s'est mis dans tous ses états et a saisi son fusil de chasse. Tant bien que mal, j'ai réussi à le calmer et à lui faire entendre raison. Il valait mieux agir sagement et intelligemment. Nous avons porté plainte et saisi la justice. Une semaine après nous sommes passés devant le juge pour enfants qui nous a confié la garde des 2 aînés et à sa mère la garde du plus jeune. C'est allé très vite. Malheureusement rien ne s'arrangeait avec Edmond et cela devenait invivable pour nous et ses pauvres enfants. Mon cœur était déchiré en deux, entre le fait de le quitter et laisser les petits. Je suis restée sept ans et demi avec lui jusqu'au jour où par sa violence, j'ai vu la mort de près, de très près. J'ai alors agi en conséquence : dépôt de plainte, gendarmerie et séparation. Il m'a cherché pendant longtemps avec l'envie de me tuer.

11 • Le foyer

Je me suis mise à l'abri dans un foyer pour mère avec enfant à Avignon. Xavier n'avait pas encore 2 ans. J'y suis resté dix mois, dans une situation délicate. Il y avait une grande salle commune, un seul téléviseur et systématiquement plusieurs personnes qui ne voulaient pas regarder le même programme. Quel brouhaha ! Il y avait beaucoup de bagarres, d'incompréhensions. Heureusement chaque maman avait sa propre chambre avec son enfant. J'essayais pour ma part de rester à l'écart et dans le calme autant que possible. Malgré cela une autre maman nous cherchait toujours querelle, et donc mon tour est arrivé. Je lui ai dit : « *Ouvre grand tes oreilles. Tu nous cherches des noises à toutes ici, pourtant nous sommes dans la même galère. Je n'ai pas l'intention de te toucher mais sache une chose ; j'ai été une enfant battue et je ne supporte pas qu'on ait des gestes brusques. Donc réfléchis bien avant de m'en coller une, sinon je ne réponds plus de rien. Tu risques de finir à l'hôpital* ». Je ne rigolais pas du tout. À l'époque j'avais une force peu commune. Bien après, j'ai compris pourquoi, vous comprendrez plus tard dans mon témoignage.

Xavier ne supportait pas cette atmosphère, il était angoissé. Je l'ai compris quand il a commencé la maternelle. Les institutrices me disaient : « *Nous n'avons jamais eu un enfant comme lui. Il ne s'arrête pas de pleurer, nous n'arrivons pas à le consoler ni à le faire participer aux jeux avec les autres enfants, il vous réclame toute la matinée* ». L'après midi il restait avec moi. Sachant cela, il m'était très pénible de laisser Xavier à l'école le matin et lorsque je rentrais au foyer j'étais inconsolable, ça a duré toute la maternelle. Enfin j'ai pu avoir un studio juste en face du foyer. C'était au moment des inondations de Vaison-la-Romaine, en Septembre 1992. Il fallait loger les sinistrés en priorité. Dans ce studio, enfin la tranquillité et des joies toutes simples, un peu de bonheur pour nous. On mangeait sans être stressés et on allait au parc, pour Xavier c'était important.

L'année suivante j'ai enfin eu l'appartement que j'occupe toujours à ce jour. Tellement de souvenirs et de joies après toutes ces épreuves. Depuis plus d'un an je souffrais de polyarthrite rhumatoïde évolutive, maladie des tendons et articulations, la douleur constante ne rend pas facile la vie avec un enfant en bas âge. La vie pour moi à ce moment là était presque insoutenable. J'ai subi quatorze opérations, en plus des maladies chroniques.

Thérèse et son fils Xavier

Je vous parlerai maintenant de ma fille Sylvie. C'est une belle princesse. Elle est aussi belle à l'extérieur qu'à l'intérieur. Elle a un très grand cœur, c'est une personne facile à vivre et toujours contente. Sa maison venait d'être finie et elle nous y invitait souvent. C'était un grand et vrai bonheur pour moi. Comme elle avait une fille de 7 ans, un garçon de 5 ans et était enceinte de son dernier, ils avaient fait construire une grande piscine. Ô que nous avons bien fait les fous là dedans ! Nous étions plus dans l'eau que dans la maison. Nous avons beaucoup joué ensemble et ce sont de merveilleux souvenirs. Kevin son petit dernier est né quand Xavier avait 9 ans.

Mais trois ans auparavant, un drame nous a frappé. Xavier se plaignait souvent de maux de ventre. Après de nombreux examens, on l'a opéré de l'appendice. Malheureusement les problèmes de santé continuaient et les médecins ne comprenaient pas ce qu'il avait. Au bout de deux à trois mois et après une échographie abdominale, le diagnostic est tombé : il s'agissait d'un cancer du rein, un néphroblastome. Xavier est immédiatement hospitalisé à l'hôpital de La Timone à Marseille où nous sommes restés huit mois. Mon pasteur a alerté l'église sœur de Marseille pour que nous soyons soutenus. Les traitements ont commencés. Un jour le verdict tombe : il est perdu. Il n'a pas supporté la chimiothérapie qui a provoqué trois caillots dans la veine cave et un thrombus au cervelet. Il est passé tout près d'une embolie pulmonaire et il a fallu arrêter les traitements. Je souffrais de le voir dans cet état et j'ai crié à Dieu : « *Seigneur si tu dois le reprendre, prends le !* ». C'est toujours dans cette attitude que je demande à Dieu soit de le guérir soit de le reprendre. J'avais appris à connaître Dieu tout au long de ces dernières années et à me rapprocher de lui toujours plus. Je ne comprenais pas pourquoi après vingt ans de souffrances Dieu allait me l'enlever maintenant. J'ai reçu par deux fois des versets de Dieu lui même, me rassurant sur l'avenir de mon fils. Le premier est dans Esaïe, chapitre 30 verset 15 : « *C'est dans le calme et la confiance que sera votre force* ». Et le deuxième dans Jean chapitre 11 verset 4 : « *Cette maladie n'aboutira pas à la mort, mais elle est pour la Gloire de Dieu* ».

J'ai vu encore et toujours la bienveillance de celui qui n'abandonne jamais ses enfants. Je crois qu'il y a peu de choses aussi affreuses que de voir mourir tant d'enfants à la Timone pendant notre séjour, voir la détresse et l'effondrement des parents qui étaient sans forces, sans foi et sans secours ! Dieu a eu compassion de notre cas. Curieusement, durant toute cette période, j'étais dans une paix intérieure profonde. Je crois que c'est cela le repos de Dieu. Tous les jours nous avions la visite à tour de rôle de ceux qui sont devenus mes amis. Claude qui jouait beaucoup avec Xavier et sa femme Elisabeth qui m'épaulaient spirituellement, ainsi qu'Odette une sœur de l'Église de Marseille. Merci aussi à leur pasteur Raymond CHAMARD. Je remercie le Seigneur pour la guérison de mon fils Xavier.

13 • La délivrance

Ma vie chrétienne depuis la naissance de ma fille Sylvie a toujours été en dents de scie. Je disais fréquemment à mon mari : «*Je ne sais pas pourquoi je suis comme ça. Pourquoi je n'arrive pas à mener à bonne fin ce que j'entreprends ? Pourquoi je donne ma vie au Seigneur un jour et un autre jour je fais comme s'il n'existait pas ?*». Je ne faisais pas ce qui lui faisait plaisir, je ne mettais pas sa parole en pratique. Je savais que quelque chose n'allait pas dans ma foi, même dans ma vie spirituelle.

Je demandais souvent à ce que l'on prie pour moi, lorsque j'allais dans des rassemblements chrétiens. Jusqu'au jour où, pleurant toutes les larmes de mon corps je m'adresse à Dieu et lui dis : «*Seigneur il y a quelque chose qui ne va pas mais toi seul ô mon Dieu tu me connais parfaitement et toi seul, es capable de tout faire puisque rien ne t'est impossible*». Après cette prière, quelques jours plus tard, avec une amie nous allions à une réunion dans une salle où un orateur donnait un enseignement sur quatre jours. Le thème était : **La toile d'araignée**. Dès que nous sommes entrées dans la salle, j'ai tout à coup eu envie de gifler, cet homme que je n'avais jamais vu, de lui cracher au visage, de le battre. J'étais envahie d'une violence inouïe que je ne comprenais pas. Je me sentais si mal. Un frère chrétien me voyant dans cet état est venu vers moi pour savoir ce qui m'arrivait. Je lui ai donc partagé mes réactions face à cet orateur.

Il m'encouragea à aller voir cet homme à la fin de la réunion et de lui faire part de ce que je venais de vivre. J'étais abasourdie de ce qui se passait en moi. Après l'enseignement, je m'avançais donc vers ce monsieur pour lui parler. À ma grande surprise, avec un calme formidable il me dit : « *Pouvez-vous venir me voir samedi matin ?* » Je lui réponds que oui.

Ce serviteur de Dieu était hébergé chez une dame qui avait une assez grande maison . Le samedi matin suivant, j'arrivais donc chez cette dame. Nous buvions une boisson chaude, puis nous montions dans une chambre. Cet homme me faisait penser au Seigneur Jésus-Christ dans son attitude de douceur et de gentillesse. Nous nous sommes mis à discuter de mes réactions surprenantes. Cela a pris pas mal de temps. À la fin de la conversation il me demande si je veux vraiment suivre Jésus-Christ. Je réponds que oui mais que je n'y arrive pas malgré mon grand désir. Lorsque je lis la Bible elle est comme voilée à mes yeux et je ne comprends pas ce que je lis. Je voudrais, mais impossible. Un moment après il me demande si je suis prête à ce qu'il prie pour moi ? Je lui réponds que oui, bien sûr, que je suis là pour ça. Mais je ne m'attendais pas à la suite. Il s'approche de moi, met sa main sur mon épaule droite, et là, incroyable mais vrai, je suis projetée en l'air et j'atterris à peu près à trois mètres cinquante de l'autre côté de la pièce. Des cris atroces sortaient de mon corps. Une merveilleuse délivrance s'est opérée en moi. Cela a duré je ne sais combien de temps mais une personne qui était restée en bas, interpellée par le bruit, est montée pour aider ce Monsieur. Après ce moment, je suis restée dix à douze jours sans voix. Pas un seul son n'est sorti de mes lèvres. Longtemps après, j'ai appris que ce Monsieur n'avait pas ce don. Il lui a été donné ponctuellement par mon Dieu bien-aimé. Quelle grâce et quel amour ! Dieu a eu pitié de moi dans sa compassion infinie. Encore une fois, il n'a pas été sourd, il a entendu les cris de mon cœur. Mystère infini de la puissance et de la souveraineté de Jésus-Christ et du moment que lui choisi !

Enfin quand je lisais la Bible il n'y avait plus de voile devant mes yeux ! Ma vie a été transformée. Les murs de l'incrédulité étaient tombés et mon cœur est devenu comme celui d'un enfant. Dans mes prières je peux demander et remercier : c'est magnifique ! Je ne veux pas dire que tout m'est accordé, ou que je n'ai jamais douté. Quelquefois le doute arrive mais je ne le laisse pas s'installer, c'est toute la différence. Je fais confiance à Dieu car il a toutes nos circonstances entre ses mains. Nous sommes humains et bien souvent très faibles et craintifs, mais lui, est fort et puissant.

14 • La Timone en apnée

Pendant le séjour de mon fils à l'hôpital de La Timone, une nouvelle chose incroyable s'est produite. Un médecin et des infirmières se sont aperçus que j'étais en danger, que quelque chose n'allait pas. Ils avaient eu le temps de m'observer pendant tout ce temps où je m'y rendais régulièrement. Ils ont pris rendez-vous pour moi à La Timone adultes. Me voici dans une chambre reliée à une autre chambre par ma tête de lit où passaient de grands câbles électriques. Des infirmières me préparent alors pour la nuit, elles me font une sorte de chignon avec tous ces fils et les relient aux électrodes réparties sur mon corps. C'est le test des apnées du sommeil. Après une nuit plus que mouvementée, voilà la matinée qui arrive. Que m'apporte celle-ci ? Des résultats catastrophiques : syndrome des apnées du sommeil à un stade avancé. J'étais en phase terminale. On m'annonce que je suis sur le point de tomber dans le coma d'un instant à l'autre, quatre vingt seize pour cent de gaz carbonique dans le sang. Pour ceux qui s'y connaissent un peu, vous comprendrez. Je n'ai donc pas pu rejoindre Xavier dans sa chambre. J'étais dans une angoisse totale : « *Seigneur, que se passe-t-il ?* ». Malgré ma foi, je suis dans le doute et effondrée. Mais la confiance en Dieu persiste ! Et j'ai eu raison car le Seigneur a toujours la solution.

Il m'a fallu passer des examens complémentaires. Cela n'a pas été sans mal, car dans un premier temps c'était tellement grave qu'ils m'ont mis sous un respirateur autonome : ce n'était pas moi qui respirait, c'était la machine. C'était insupportable, je me sentais étouffée. Trois machines ont été testées, et l'une d'elle au nom de Morphée a été idéale. Elle m'a sauvé la vie. Et je peux le dire, j'étais dans les bras de Morphée. Je dormais cinq heures par nuit, chose qui ne m'était plus arrivé depuis au moins vingt ans, et ce sommeil était réparateur. Après des années à me réveiller toutes les heures pour uriner, j'avais imaginé que ma vessie était défaillante, mais en réalité, c'était les apnées du sommeil. Mais Dieu veillait à tout cela, et ce n'était pas mon moment une fois de plus. Il a tout mis en œuvre pour que l'on s'occupe de moi sérieusement et avec une grande attention. Bien sur cela c'est passé il y a 25 ans, maintenant, ce n'est plus ainsi, il y a eu beaucoup d'amélioration depuis.

Le Seigneur n'a pas permis que je conduise pendant cinq années. Car certainement je me serai tuée au volant puisque je m'endormais partout à tout instant (c'est une conséquence du syndrome des apnées). Enfin j'ai été très heureuse, quand ma santé s'est améliorée, de pouvoir me remettre au volant. Au fil du temps j'ai pu acheter une AX qui a roulé pendant quelques années et sur laquelle mon fils a appris à 16 ans la conduite accompagnée. Mais voilà tout vieilli sur cette terre ! Il fallait changer tout le faisceau électrique ! Un beau jour mon véhicule me lâche en plein carrefour bondé de voitures ; catastrophe. Je n'ai qu'un cri poussé avec force et confiance en Jésus Christ : « Seigneur Jésus mon Dieu » Et devinez quoi ? Un jeune homme est apparu en face de moi : cheveux blonds bouclés, pantalon foncé et chemise à carreaux en vichy dans le style des années 60. Oui oui, c'est la vérité ! En un clin d'œil, la voiture est poussée sur le côté du carrefour et il a disparu comme il est apparu. Il m'a fallu un temps de réflexion pour comprendre ce qui venait de se passer. Je venais de voir un ange ! Oui un vrai ange Tout cela s'est passé en quelques secondes ! Merveilleux Sauveur que le nôtre !

Mon fils est guéri. Il a 31 ans aujourd'hui. Et je suis là, moi aussi. Les voies de Dieu sont impénétrables et il mène tout à bonne fin. Voici ses paroles qui m'ont soutenue pendant les cinq années qu'à duré cette épreuve : *« C'est dans le calme et la confiance que sera votre force »*. Puis : *« Cette maladie n'aboutira pas à la mort, elle servira à glorifier Dieu »*.

Dans l'église où j'ai pris racine je suis estimée et aimée. Dans le passé j'ai été active entre les saynètes, les chants du dimanche, et aussi l'enseignement des enfants. Je ne me suis jamais ennuyée. La solitude ne me pesait pas vraiment.

Thérèse, entourée de son fils Xavier et sa fille Sylvie.

Je suis restée 26 ans sans chercher à refaire ma vie. J'ai refusé à six reprises de me remarier. Je ne regrette rien. Jésus a rempli ma vie et je n'avais besoin de rien d'autre. Mes amies me disent souvent que je suis un pilier. Pour ma part je trouve que je suis un pilier bien fragile en ce moment. Que s'est-il passé ? Je crois que tant que l'on restera sur cette terre, nous ne serons jamais ni parfaits, ni obéissants à cent pour cent. Heureusement, Christ a payé le prix fort et ce n'est pas pour rien. Nos péchés sont pardonnés par GRÂCE, ne l'oublions pas, et surtout n'essayons pas de nous sauver « nous-mêmes », on n'y arrivera jamais. Donc acceptons le don parfait et la dette déjà payée par Dieu lui-même. Pour qui et pourquoi je viens d'écrire cela ? Pour ceux qui comme moi sont têtus et qui se mettent dans des situations compliquées.

Tout cela m'amène à vous parler d'une expérience vécue dernièrement. J'ai commencé à être languissante, je m'ennuyais et n'arrivais pas à trouver une occupation valable. Je me suis inscrite sur un site internet pour rencontrer une personne et finir notre vie ensemble. Je fis la connaissance d'un Monsieur. Nous nous sommes fréquentés une année et nous sommes arrivés à la conclusion qu'il y aurait des fiançailles et le mariage était fixé au 31 août 2019. J'avais 68 ans. Tout était planifié : le jour de l'union, le bateau, les dragées, les alliances… C'était ce que désirait Monsieur.

Mais il y avait un hic. Il vivait avec son fils de 27 ans handicapé mental. Pendant les fiançailles tout s'est bien passé mais chaque fois que j'allais chez lui, son fils avait du mal à communiquer non seulement avec moi mais aussi avec tous ceux qui venaient chez eux. Son père a passé sa vie à le gâter. Je me suis aperçue assez rapidement qu'il y aurait des problèmes. J'avais accepté que son fils passe toujours avant moi, cela me semblait normal. Nous avons vécu en couple quatre mois, je me rendais bien compte que ce n'était pas gagné d'avance. Son fils vivait la nuit à jouer à des jeux violents, et il dormait le jour. Vers 19h ou 20h il commençait sa journée. Mon fiancé souhaitait connaître mon opinion sur cette situation. Nous en avons parlé et je lui ai donné mon avis : je pensais que la manière de vivre de son fils n'était pas bonne pour lui compte tenu de son handicap. Il était totalement d'accord avec moi et on n'en n'a plus jamais reparlé. Quelques jours plus tard son fils nous fait une crise et ne veut plus que son père se marie avec moi. Je questionne mon fiancé pour savoir ce qu'il en pense. Les larmes aux yeux il me dit que son fils passera toujours avant tout le monde. Il avait d'ailleurs eu deux expériences précédentes ou il avait essayé de refaire sa vie. Mais en fait il vivait dans la culpabilité d'avoir un enfant handicapé et c'était destructeur pour lui. Cela me faisait beaucoup de peine. Il s'était fait l'esclave de son fils. Donc le mariage a été annulé. Le Seigneur m'a encore préservé car ce mariage n'aurait pas été heureux. Gloire à Dieu pour sa fidélité et sa sagesse.

Après cette rupture, j'ai vécu trois mois chez une amie. Je ne pouvais pas revenir dans mon appartement que j'avais prêté entre temps à mon fils et sa femme qui faisaient construire leur maison. Je vous passe les détails de ce qu'a été ma vie pendant cette période : difficile, malgré mon caractère joyeux. Cette amie **bipolaire** avait aussi des tocs. Il fallait tout mesurer : l'écartement des portes entrouvertes, quatre centimètres pas plus, plier au millimètre les chiffons pour le ménage, se doucher d'une certaine façon. Je suis habituée à faire attention à l'eau, mais tout ce que je faisais n'était jamais assez bien. Cependant merci à cette amie, la seule personne qui m'ait ouvert la porte de sa maison.

Un jour sa télévision est tombée en panne. J'appelle deux hommes de mon église pour qu'ils me dépannent mais ils ne s'y connaissaient pas vraiment. Sur ces entrefaites, je me suis souvenue de mon dépanneur que je connaissais depuis 26 ans et qui pouvait peut-être nous rendre ce service. Travaillait-il toujours ? L'âge de la retraite n'était pas loin pour lui aussi. J'ai un numéro mais est-il toujours le bon ? J'appelle donc et à ma grande surprise sa douce voix me répond :

« - *Oui madame Pécoraro je peux passer dans une heure trente. C'est toujours la même adresse ?*

- Non, je suis hébergée chez une amie. Je vous expliquerai de vive voix ».

À l'heure fixée, il sonne à la porte. En un temps record, il répare le téléviseur. Ensuite je lui raconte tout ce qui m'est arrivé. Nous avions toujours beaucoup parlé ensemble par le passé, mais là j'étais sous le coup de la déception. Je continue de m'ouvrir à lui et il est très touché par tout ce que j'ai traversé. À son tour il me raconte lui aussi ce qu'il vit actuellement. Nous nous sommes rapprochés avec nos vies plutôt compliquées, et nous sommes tombés dans les bras l'un de l'autre. Incroyable de décrire ce qui s'est passé, une osmose totale jamais connue auparavant.

Un tourbillon de pensées m'obsède surtout par rapport à ma foi. Je me sens mal dans cette situation. J'ai peur, je suis bouleversée. J'ouvre mon cœur au Seigneur et lui crie à haute voix ce que je ressens. Les sentiments que j'ai pour cet homme sont plus forts que tout. « *Pourquoi Seigneur cette situation ? Je t'en supplie, je ne comprends pas, viens à mon secours* ».

Une paix petit à petit s'installe en moi, cette paix ne peut venir que de Dieu ; j'en suis certaine. Cela fait un mois que je pleure sans arrêt. Lorsque la paix a commencé à m'envahir, cela m'a fait du bien et m'a tranquillisée. Je redécouvre *l'amour et la patience de mon Dieu*, le Dieu qui pardonne, le Dieu rempli de compassion pour ses enfants. Je gardais en moi l'image d'un Dieu qui juge et qui est dur. Pourtant le Dieu de la Bible, le créateur du ciel et de la terre, l'auteur de toute vie est le Dieu d'amour parfait. Il a tout accompli pour notre salut par son Fils Jésus-Christ et nous donne la vie éternelle. Gloire à son Nom.

J'ai toujours cru de tout mon cœur que les circonstances de nos vies sont entre les mains de ce Dieu qui conduit tout selon son plan pour chacun de ses enfants. Que fera-t-il pour moi désormais ? Je le laisse maître de la situation. C'est lui qui connaît nos lendemains. Nous, nous ne voyons pas plus loin que le bout de notre nez. Je sais que je suis dans les bras de mon Dieu, il me tient la main comme il l'a toujours fait. Notre Dieu est plein de surprises et rempli d'amour. À lui soit la gloire, je m'en remet à lui !

Conclusion

À la fin de ce livre, une question m'est venue à l'esprit : si quelqu'un lit ce témoignage que pensera t-il s'il ne croit pas en Dieu ? Alors, simplement je me suis dit : le bien et le mal sont visibles a l'œil nu sur cette terre. Nous n'avons qu'à regarder les informations. Le bien m'a aidé a plusieurs reprises dans ma vie. Je ne peux pas le nier ! Combien de personnes ont traversé des choses qui leurs semblaient incroyables et incompréhensibles. Et pourtant, elles se sont dit : « *Je ne sais pas ce qu'il s'est passé à cet instant précis, je ne suis pas capable de me l'expliquer !* ».

Comme en fait foi l'expérience suivante. Il y a cinquante ans de cela, j'avais des mandats à envoyer pour payer nos crédits, c'était ainsi à l'époque. Je me rendais donc à la poste de Nîmes, et me voici dans la file d'attente à faire la queue. Soudain, sans raison apparente, je me suis sentie mal et j'ai perdu connaissance. Je suis revenue à moi au bout de quelques instants. Là, quelqu'un m'a demandé le numéro de téléphone du travail de mon mari David, que je lui communique. Ayant repris mes esprits, je refais la queue et à nouveau je perds de plus belle connaissance. Et visiblement, je suis restée longtemps évanouie puisque lorsque j'ai rouvert les yeux mon mari était à mes côtés en train de pleurer. Durant ce temps, il s'est passé quelque chose d'incroyable. Mon âme est sortie de mon corps, et je voyais mon corps sans vie. J'étais dans une sorte de cotonnade douce. Une ombre bienveillante était à coté de moi. Je n'ai pas vu son visage mais c'était inimaginable ! Il se dégageait une douceur, une paix et un sentiment de repos inhumain ! Quand mon âme est revenue dans mon corps terrestre ; j'avais tout oublié. C'est bien des années plus tard, que j'en ai parlé à mes enfants et à vous aujourd'hui qui lisez ces pages.

En mon cœur, il y a une profonde conviction que, ce BIEN veut vous aider comme il m'a aidée. En réalité, avant même que l'on ouvre les yeux ici bas à la sortie du ventre de notre mère ; il est déjà en action dans chacune de nos vies ! Nous allons vers un cheminement de bonheur ou de peine selon nos choix en ce bas monde. Cela peut nous inviter à réfléchir. Quand nous n'allons pas bien qui nous écoute ? Et lorsque nous allons mal ? On accuse un Dieu en qui nous disons ne pas croire. Et pourtant, je peux témoigner qu'Il est Amour. Et dans cet Amour parfait, il nous laisse « *le libre arbitre* », celui d'être aimé de cet Amour qui ne se mesure pas.

Je vous invite à y penser au plus profond de votre cœur. Et c'est de cette profondeur de mon cœur, que je vous embrasse.